EXPRESS-ABENDESSEN

Speed-Dating auf dem Teller

Autorin: Cornelia Schinharl | Fotos: Anke Schütz

INHALT

TIPPS UND EXTRAS

8 SALATE & SUPPEN

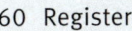
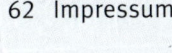

Das grüne Blatt bei den Rezepten heißt
fleischloser Genuss:
Mit diesem Symbol sind alle vegetarischen
Gerichte gekennzeichnet.

ZUTATEN, DIE ZEIT SPAREN

Es gibt viele Express-Zutaten, bei denen sich das Zugreifen lohnt! Mit meinen Vorrats-Favoriten sind Sie auf jeden Fall immer gut für eine Blitzmahlzeit gerüstet.

AUS DOSE UND GLAS

Gemüse aus der Dose ist oft sehr weich und keine knackige Alternative. Die große Ausnahme: Dosentomaten. Die sind vor allem im Winter der Hit, da sie aromatischer schmecken als blasse Wintertomaten aus dem Gewächshaus. Ebenfalls sehr gut sind gegartes Sauerkraut aus der Dose oder dem Beutel sowie Hülsenfrüchte wie Kichererbsen oder Bohnen aus der Dose.

AUS DER KÜHLTHEKE

Gnocchi, Schupfnudeln und Spätzle schmecken selbst gemacht vielleicht einen Tick besser, sind aber für ein schnelles Essen zu zeitaufwendig – in guter Qualität sind diese Produkte mittlerweile jedoch in fast jedem Supermarkt oder Bioladen erhältlich. Wer gerne Pasta isst, kann statt zu getrockneter Pasta zu Frischware aus dem Kühlregal greifen, die schneller gar ist. Auch bei Teigen ist das Angebot groß: Pizza-, Strudel- und Blätterteig warten fertig ausgerollt auf ihren Einsatz.

AUS DER TIEFKÜHLTRUHE

Schon aus Kostengründen ernten die Hersteller von Tiefkühlware zur Hauptsaison – und zwar vollreif. Kurz und vitaminschonend gegart, kommt das Gemüse dann sofort ins Eis. TK-Gemüse – aus konventionellem wie aus Bio-Anbau – liefert uns deshalb oft sogar mehr Vitamine als »frische« Ware, die schon einige Tage beim Gemüsehändler auf den Käufer wartet. Ebenfalls qualitativ meist gut und sehr praktisch: TK-Kräuter, die man löffelweise aus der 50 – 100 g Packung entnehmen kann.

VORGEGART UND EINGETÜTET

Viele Getreideprodukte, etwa Couscous (hergestellt aus Weizengrieß), Polenta (Maisgrieß) oder Reis, sind vorgegart erhältlich und liegen in nur 5 – 10 Min. fertig auf dem Teller – einfach nur als Beilage oder mit anderen Zutaten kombiniert als eigenständiges Gericht. Aber auch zu gegarten Roten Beten, geschält oder ungeschält eingeschweißt, greife ich gerne.

FIXE KÜCHENHELFER

Das richtige Handwerkszeug bringt das Essen noch schneller auf den Teller. Denn die Küchenhelfer punkten bei der Vor- und Zubereitung mit jeder Menge Zeitersparnis.

SCHARF SCHNEIDEN UND HACKEN

Mit großen Messern zerkleinern Sie Kräuter, Gemüse und Co. viel schneller als mit kleinen. Wichtig bei allen Messern ist immer: Scharf müssen sie sein! Nur dann können Sie damit ohne Kraftaufwand schneiden und hacken, ohne dass die Zutaten dabei gequetscht werden. Deshalb ist es auch sinnvoll fürs schnelle Nachschärfen einen kleinen Messerschleifer in der Küche griffbereit zu haben.

RASPELN UND REIBEN

Für dünne Scheiben oder Stifte eignet sich ein Gemüsehobel besser als ein Messer. Er sollte Einsätze für unterschiedliche Scheiben- und Stiftedicke sowie einen Fingerschutz haben und gut in der Hand liegen. Zum Raspeln von Käse ist eine Reibe mit Handkurbel ideal, und zum Zerkleinern von Zwiebeln oder kleinen Gemüsemengen eignet sich ein Zwiebelhacker. Sowohl die Käsereibe als auch der Zwiebelhacker kommen zudem auch mit kleinen Mengen an Nüssen zurecht.

CLEVER WASSER KOCHEN

Rund 10 Min. dauert es, bis 2 l Wasser für die Pasta für zwei Esser im Topf auf der Herdplatte kochen. Sehr viel schneller und energiesparender geht es mit einem Wasserkocher. Ich mache es übrigens immer so: während der Wasserkocher einen großen Teil der benötigten Wassermenge zum Kochen bringt, erhitze ich zugleich ein paar Zentimeter hoch Wasser im Topf. So reicht die Menge gut aus.

ELEKTRISCHE HELFER

Der Blitzhacker zerkleinert kleine Zutatenmengen sekundenschnell. Für größere Mengen ist eine Küchenmaschine ideal, mit deren Einsätzen man auch raspeln oder Scheiben schneiden kann. Mit dem Stabmixer lassen sich ruck, zuck Suppen und Saucen pürieren und sogar kleine Sahnemengen schlagen. Wichtig bei größeren Geräten: sie sollten einsatzbereit an einem festen Platz stehen – denn sind sie einmal im Küchenschrank verstaut, holt man sie meist nicht wieder heraus.

KERNIGE BEILAGEN MIT WÜRZE

Schon wieder Reis – wie einfallslos? Nicht bei mir! Aufgepeppt mit Kräutern und Gewürzen kommt weder bei Reis noch bei anderen klassischen Beilagen Langeweile auf.

GEWÜRZREIS MIT MANDELN

Für 2 Personen: 1 Beutel 10-Minuten-Langkornreis (125 g) in Salzwasser in 10 Min. bissfest kochen. 1 EL Mandelstifte oder -blättchen in 1 EL Butter goldgelb anbraten. Mit ½ TL Garam Masala (indische Gewürzmischung) oder Ras el Hanout (marokkanische Gewürzmischung) sowie Salz würzen. Reis abgießen, abtropfen lassen und mit der Mandelbutter mischen. Passt gut zu Currygerichten, aber auch zu Fleisch und Gemüse mit Sauce.

KRÄUTER-COUSCOUS

Für 2 Personen: 125 g Instant-Couscous mit 150 ml kochender Gemüsebrühe verrühren, aufkochen und 5 Min. zugedeckt bei schwacher Hitze garen. 1 Pck. gemischte TK-Kräuter (z. B. mediterrane Mischung) mit 1 EL Butter unterziehen. Den Couscous mit Salz und Pfeffer oder Chiliflocken abschmecken. Passt zu gebratenem Fleisch, Fisch oder Gemüse.

PETERSILIEN-NUSS-SPÄTZLE

Für 2 Personen: 300 g Spätzle (aus dem Kühlregal) in einer Pfanne in 1 EL Butter bei mittlerer Hitze in ca. 3 Min. leicht braun anbraten. 1 Pck. TK-Petersilie und 2 – 3 EL gemahlene Haselnüsse untermischen und alles weiterbraten, bis die Nüsse leicht bräunen. Mit Salz und Pfeffer abschmecken. Passt gut zu Fleisch mit Sauce und zu fast allen Gemüsen, z. B. Rahmwirsing, Rahmspinat, Rosenkohl, Sauerkraut oder Sahnepilzen.

1, 2, 3 – SCHON IST GEMÜSE MIT DABEI!

Eine Portion Gemüse gehört bei mir zum Abendessen einfach regelmäßig mit dazu. Auch hier gilt: Fix zubereitet und dennoch pfiffig muss es sein – so wie meine drei Express-Favoriten!

KARTOFFELSTAMPF MIT KRÄUTERN

Für 2 Personen: 500 g vorwiegend festkochende Kartoffeln schälen, würfeln und in Salzwasser in ca. 15 Min. weich kochen. Inzwischen je 1 Handvoll Rucola und Basilikum waschen, trocken schütteln und hacken. Kartoffeln abgießen, mit 100 ml Milch und 2 EL Butter grob stampfen. Die Kräuter, 2 EL Gartenkresseblätter, etwas Salz und Muskat unterrühren. Passt zu Bratwurst, Fleisch oder Gemüse.

SCHARFES BOHNEN-TOMATEN-GEMÜSE

Für 2 Personen: 1 Dose weiße oder rote Bohnen (240 g Abtropfgewicht) in einem Sieb abbrausen und abtropfen lassen. 1 rote Zwiebel schälen, würfeln und mit ½ TL getrocknetem Oregano und ¼ TL Chiliflocken in 1 EL Olivenöl andünsten. 1 Dose gehackte Tomaten (400 g) untermischen. Ca. 5 Min. offen köcheln lassen, die Bohnen unterrühren und mit 1 TL Ahornsirup und Salz abschmecken. Passt zu gebratenem Fleisch oder Tofu.

LAUWARMER BROKKOLISALAT

Für 2 Personen: 300 g TK-Brokkoli in Salzwasser ca. 6 Min. garen, abgießen und kalt abschrecken. 1 Frühlingszwiebel putzen, waschen, in feine Ringe schneiden. 1 Tomate waschen und würfeln. 1 EL Essig, ½ TL scharfen Senf, ½ TL Honig, Salz und Pfeffer verrühren. 3 EL Olivenöl unterschlagen. Brokkoli, Zwiebel, Tomate, 2 TL gehacktes TK-Basilikum und 1 EL Oliven untermischen. Salat lauwarm servieren. Passt zu gebratenem Fisch oder Geflügel.

SALATE & SUPPEN

Für mich ist ein Salat viel mehr als nur eine Beilage. Bunt gemischt und mit Käse, Fisch oder Fleisch, Nudeln oder Couscous angereichert, steht damit im Handumdrehen eine komplette Mahlzeit auf dem Tisch, die super schmeckt! Und Suppen? Die machen mich sowieso rundum glücklich und zufrieden.

COUSCOUSSALAT MIT RÄUCHERFORELLE

Seit ich diesen Salat aus der orientalischen Küche – im Original mit Petersilie und Minze – kenne, gibt es ihn bei mir immer wieder. Und jedes Mal ein bisschen anders!

Für den Salat:
100 g Instant-Couscous
150 g Salatgurke
½ Bund Dill
1 Frühlingszwiebel
Für das Dressing:
1 EL Zitronensaft
½ TL scharfer Senf
½ TL geriebener Meerrettich
(nach Belieben)
Salz | Pfeffer
3 EL Olivenöl
2 Räucherforellenfilets
(ca. 150 g)

Angenehm frisch und leicht

Für 2 Personen |
20 Min. Zubereitung
Pro Portion ca. 405 kcal,
22 g EW, 18 g F, 39 g KH

1 Für den Salat den Couscous in einer Schüssel mit ca. 100 ml heißem Wasser übergießen und zugedeckt quellen lassen, bis die übrigen Zutaten vorbereitet sind.

2 Die Salatgurke waschen oder schälen und in kleine Würfel schneiden. Den Dill kalt abbrausen und trocken schütteln, die Spitzen abzupfen und fein hacken. Die Frühlingszwiebel putzen, waschen und mit dem Grün in feine Ringe schneiden.

3 Für das Dressing den Zitronensaft mit dem Senf und nach Belieben dem Meerrettich verrühren. Mit Salz und Pfeffer würzen. Das Olivenöl mit einer Gabel unterschlagen, bis eine cremige Sauce entstanden ist.

4 Die Gurke, den Dill und die Frühlingszwiebel mit dem Dressing unter den Couscous mischen. Den Salat nochmals mit Salz und Pfeffer abschmecken und auf Teller verteilen. Die Forellenfilets in mundgerechte Stücke zupfen und auf den Salat geben oder ganz lassen und daneben anrichten.

VARIANTE QUINOASALAT MIT ZUCCHINI

100 g Quinoa mit 250 ml Gemüsebrühe aufkochen und zugedeckt bei mittlerer Hitze ca. 15 Min. gar köcheln. 300 g Zucchini putzen, waschen, in Stifte schneiden und in 1 EL Olivenöl bei starker Hitze unter Rühren 3 – 4 Min. braten. Mit Salz und Pfeffer würzen. 100 g Paprikaschote putzen, waschen und in Streifen schneiden. 1 EL Zitronensaft mit 1 Msp. Honig sowie etwas Salz und Pfeffer verrühren. 2 EL Olivenöl unterschlagen. Quinoa, Zucchini, Paprika und 2 EL schwarze Oliven mit der Sauce mischen, Salat abschmecken.

KICHERERBSEN-ZUCCHINI-SALAT

1 Zucchino (ca. 200 g) | 200 g Cocktailtomaten | 50 g Rucola | 1 Dose Kichererbsen (240 g Abtropfgewicht) | 1 EL Zitronensaft | 2 TL Tahin (Sesampaste; aus dem Asien- oder Bioladen) | ½ TL Sambal Oelek | Salz | 3 EL Olivenöl | 100 g Schafskäse (Feta)

Mediterrane Vitaminbombe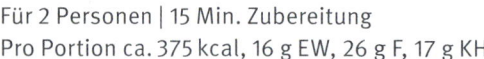

Für 2 Personen | 15 Min. Zubereitung
Pro Portion ca. 375 kcal, 16 g EW, 26 g F, 17 g KH

1 Den Zucchino putzen, waschen und auf der Gemüsereibe grob raspeln. Die Cocktailtomaten waschen und je nach Größe halbieren oder vierteln. Den Rucola verlesen, von den harten Stielen befreien, waschen und trocken schleudern. Die Rucolablätter grob schneiden. Die Kichererbsen in ein Sieb abgießen, kalt abbrausen und gut abtropfen lassen.

2 Den Zitronensaft mit dem Tahin, dem Sambal Oelek und etwas Salz gut verrühren. Das Olivenöl nach und nach unterschlagen, bis eine cremige Paste entstanden ist. Mit Salz abschmecken.

3 Zucchiniraspel, Tomaten, Rucola, Kichererbsen und Dressing in einer Schüssel vorsichtig vermischen. Den Salat nochmals mit Salz abschmecken. Den Schafskäse mit den Fingern zerbröckeln und daraufstreuen. Dazu schmeckt knuspriges Brot.

TIPP

Deftiger wird der Salat, wenn man zusätzlich in dünne Scheiben oder Würfel geschnittene Chorizo (spanische Paprikasalami) untermischt. Auch Oliven, nach Belieben schwarz oder grün, sind geschmacklich eine sehr gute Ergänzung.

ROASTBEEFSALAT MIT KÜRBISKERNÖL

2 große Paprikaschoten (rot oder gelb) |
1 große Zwiebel (rot oder weiß) | 350 g Roast-
beef (in dünnen Scheiben) | ½ Bund Schnitt-
lauch | 3 EL Apfelessig | 2 EL Gemüsebrühe |
2 TL scharfer Senf | 1 TL flüssiger Honig (z. B.
Akazienhonig) | Salz | Pfeffer | 1 Prise gemahle-
ner Kümmel (nach Belieben; ersatzweise Kori-
ander) | 7 EL Kürbiskernöl

Fein abgewandelter Klassiker

Für 2 Personen | 20 Min. Zubereitung
Pro Portion ca. 620 kcal, 42 g EW, 44 g F, 12 g KH

1 Die Paprikaschoten vierteln, putzen, waschen
und in feine Streifen schneiden. Die Zwiebel schälen, vierteln und ebenfalls in feine Streifen schneiden. Das Roastbeef in etwas dickere Streifen
schneiden. Den Schnittlauch waschen, trocken
schütteln und in feine Röllchen schneiden.

2 Den Essig mit der Gemüsebrühe (ersatzweise
2 EL Wasser), dem Senf, dem Honig, Salz, Pfeffer
und nach Belieben dem Kümmel gut verrühren.
Das Kürbiskernöl mit einer Gabel unterschlagen.

3 Paprika-, Zwiebel- und Roastbeefstreifen mit
dem Schnittlauch mischen. Das Dressing unterrühren und alles mit Salz und Pfeffer abschmecken.
Den Salat sofort servieren oder ca. 1 Std. zugedeckt durchziehen lassen. Dazu schmeckt dunkles
Brot oder Bratkartoffeln.

TIPP

Der Klassiker aus Österreich wird im Original
mit Resten vom Tafelspitz zubereitet – er
schmeckt also auch sehr gut mit gekochtem
Fleisch. Aber auch mit Bratenresten oder sogar
mit Fleischwurst ist der Salat sehr fein.

GLASNUDELSALAT MIT BOHNEN

Diese vegetarische Variante des beliebten asiatischen Salats lässt sich ganz unkompliziert aufpeppen: mit Roastbeef oder Brathuhn, Garnelen oder Räuchertofu.

Für den Salat:
150 g grüne Bohnen (tiefgekühlt)
Salz
100 g Glasnudeln
1 Minigurke (ca. 150 g)
2 Frühlingszwiebeln
1 Stück Ingwer (ca. 2 cm lang)
2 EL geröstete gesalzene Erdnusskerne
¼ Bund Koriander
Für das Dressing:
3 EL Limettensaft (ersatzweise Zitronensaft)
2 EL Gemüsebrühe
2 TL Sesamöl
3 EL Sojasauce
¼ TL Sambal Oelek
½ TL flüssiger Honig
Salz

Gut zum Mitnehmen 🌿

Für 2 Personen |
20 Min. Zubereitung
Pro Portion ca. 405 kcal,
12 g EW, 12 g F, 62 g KH

1 Für den Salat reichlich Wasser in einem großen Topf erhitzen und die Bohnen darin in ca. 5 Min. bissfest kochen. In ein Sieb abgießen, kalt abschrecken und abtropfen lassen. Die Glasnudeln nach Packungsanweisung in einer Schüssel mit kochendem Wasser übergießen und ca. 10 Min. quellen lassen.

2 Inzwischen die Gurke schälen oder waschen. Erst längs in dünne Scheiben, dann die Scheiben in Streifen schneiden. Die Frühlingszwiebeln putzen, waschen und mit dem Grün in Ringe schneiden. Den Ingwer schälen und fein hacken. Die Erdnusskerne mittelgrob hacken. Den Koriander waschen und trocken schütteln, die Blätter abzupfen und fein hacken.

3 Für das Dressing den Limettensaft mit Gemüsebrühe (ersatzweise 2 EL Wasser), Sesamöl, Sojasauce, Sambal Oelek und Honig verrühren. Die Sauce mit Salz abschmecken.

4 Die Glasnudeln abtropfen lassen und mit der Küchenschere in kleinere Stücke schneiden. Glasnudeln mit Bohnen, Gurke, Frühlingszwiebeln, Ingwer, Erdnüssen, Koriander und dem Dressing mischen. Den Glasnudelsalat mit Salz abschmecken. Dazu schmeckt Brot oder Krupuk (Krabbenbrot aus dem Asienladen).

TIPP

Anstelle von Bohnen schmecken in diesem Salat auch in kleine Würfel geschnittene Avocado oder geviertelte Cocktailtomaten sehr gut.

ASIATISCHER NUDELTOPF

Ein Gericht, wie es in Asien überall auf den Straßen von mobilen Garküchen angeboten wird – das schmeckt auch bei uns sehr fein. Nur gut, dass es so vielfältig abwandelbar ist!

200 g Hähnchenbrustfilet
3 TL süßsaure Chilisauce
2 EL Sojasauce
1 Stück Ingwer (ca. 2 cm lang)
2 Frühlingszwiebeln
100 g Zuckerschoten
2 Möhren
150 g Reisnudeln
Salz
500 ml Hühnerbrühe
(ersatzweise Gemüsebrühe)
Sambal Oelek
(nach Belieben)
Koriandergrün
zum Bestreuen

Wärmender Sattmacher

Für 2 Personen |
30 Min. Zubereitung
Pro Portion ca. 455 kcal,
28 g EW, 2 g F, 77 g KH

1 Das Hähnchenbrustfilet kalt abbrausen, trocken tupfen und in dünne Scheiben schneiden (Bild 1). 1 TL Chilisauce mit 1 EL Sojasauce verrühren und unter das Fleisch mischen. Den Ingwer schälen und in feine Streifen schneiden. Die Frühlingszwiebeln putzen, waschen und mit dem Grün in feine Ringe schneiden, etwas Grün beiseitelegen. Die Zuckerschoten waschen und putzen, die Fäden dabei mit abziehen (Bild 2). Die Schoten leicht schräg in ca. 1 cm breite Stücke schneiden. Die Möhren schälen und erst längs in Scheiben, dann die Scheiben in Streifen schneiden.

2 Die Nudeln nach Packungsanweisung in Salzwasser garen. Gleichzeitig die Hühnerbrühe mit Ingwer, Frühlingszwiebelringen, Zuckerschoten und Möhren zum Kochen bringen und ca. 2 Min. kochen lassen. Mit restlicher Chili- und Sojasauce würzen. Mit Salz und nach Belieben mit Sambal Oelek abschmecken.

3 Das Hähnchenfleisch in die Hühnerbrühe geben und bei schwacher Hitze ca. 2 Min. gar ziehen lassen (Bild 3). Die Nudeln abgießen und ebenfalls in die Hühnerbrühe geben. Den Nudeltopf mit Salz und nach Belieben mit Sambal Oelek abschmecken. Mit Frühlingszwiebelgrün und Koriander bestreut servieren.

VARIANTE GLASNUDELSUPPE MIT SPINAT

100 g Glasnudeln in warmem Wasser einweichen. 500 ml kochende Gemüsebrühe mit 1 TL abgeriebener Bio-Zitronenschale, ½ TL Chiliflocken und 2 EL Sojasauce abschmecken. 200 g TK-Blattspinat darin auftauen. 1 Knoblauchzehe (in feinen Scheiben) und 100 g gewürfelten Räuchertofu untermischen. Nudeln abtropfen lassen, in kurze Stücke schneiden und in der Gemüsebrühe erhitzen. Mit Sojasauce würzen.

BLUMENKOHLSUPPE

Mit nur einer Handvoll Zutaten zaubern Sie ganz schnell eine cremige Gemüsesuppe auf den Tisch. Entscheiden Sie selbst, ob Blumenkohl oder Brokkoli Ihr Favorit wird.

Für die Suppe:
300 g Blumenkohl
(oder Brokkoli)
1 EL Butter
450 ml Gemüsebrühe
100 g Sahne
Salz | Pfeffer
Für die Suppeneinlage:
1 Frühlingszwiebel
½ EL Butter
2 EL gemischte Saaten
(z. B. Sonnenblumenkerne,
Kürbiskerne, Pinienkerne,
Mandelstifte)
Salz | Pfeffer

Verwandlungskünstlerin 🌿

Für 2 Personen |
25 Min. Zubereitung
Pro Portion ca. 305 kcal,
4 g EW, 28 g F, 6 g KH

1 Für die Suppe den Blumenkohl putzen, waschen und in einzelne Röschen teilen, die Stiele schälen und in Würfel schneiden. Die Butter in einem Topf zerlassen und den Blumenkohl darin kurz andünsten. Die Gemüsebrühe angießen und zum Kochen bringen. Den Blumenkohl zugedeckt bei mittlerer Hitze in 8 – 10 Min. weich köcheln lassen.

2 Inzwischen für die Suppeneinlage die Frühlingszwiebel putzen, waschen und mit dem Grün in feine Ringe schneiden. Die Butter in einer Pfanne zerlassen und die Saatenmischung darin unter Rühren bei mittlerer Hitze ca. 1 Min. anrösten. Mit Salz und Pfeffer würzen und von der Herdplatte nehmen.

3 Die Suppe mit dem Stabmixer fein pürieren. Die Sahne untermixen. Die Suppe mit Salz und Pfeffer abschmecken. Die Frühlingszwiebelringe unterrühren. Die Suppe auf tiefe Teller oder in Schälchen verteilen und mit den gerösteten Saaten bestreuen.

TIPP

Statt mit Blumenkohl (oder Brokkoli) schmeckt die Suppe auch mit Knollensellerie, Möhren oder Steckrüben sehr gut. Fein ist auch Kürbis – am besten Hokkaido, der nicht geschält werden muss. Noch schneller geht es natürlich mit TK-Gemüse, z. B. mit gemischtem Suppengemüse. Übrigens: Von der Saatenmischung am besten gleich eine größere Menge auf Vorrat zubereiten. Sie bleibt in einem gut verschlossenen Twist-off-Glas im Kühlschrank bis zu 2 Wochen aromatisch-frisch.

KARTOFFELCREMESUPPE MIT RÄUCHERLACHS

350 g mehligkochende Kartoffeln | 1 Zwiebel |
1 EL Butter | 1 TL getrockneter Thymian |
500 ml Gemüsebrühe | 100 g Räucherlachs (in
dünnen Scheiben) | 50 g Sahne | je 1 TL körniger
und scharfer Senf | Salz | Pfeffer | ½ Kästchen
Gartenkresse

Mit feiner Senfschärfe

Für 2 Personen | 25 Min. Zubereitung
Pro Portion ca. 320 kcal, 14 g EW, 18 g F, 23 g KH

1 Die Kartoffeln schälen, waschen und in Würfel
scheiden. Die Zwiebel schälen und ebenfalls in
Würfel schneiden. Die Butter in einem Topf zerlassen und die Kartoffel- sowie die Zwiebelwürfel darin mit dem Thymian kurz anbraten. Die Gemüsebrühe angießen und zum Kochen bringen. Die
Kartoffeln zugedeckt bei mittlerer Hitze in
ca. 10 Min. weich garen.

2 Inzwischen den Lachs in feine Streifen schneiden. Die Suppe im Topf mit dem Stabmixer fein
pürieren. Die Sahne sowie den körnigen und scharfen Senf untermixen. Die Suppe mit Salz und Pfeffer abschmecken.

3 Die Kresse vom Beet abschneiden und mit den
Lachsstreifen auf die Suppe streuen. Sofort servieren. Dazu passt frisches Bauernbrot.

TIPP

Vegetarier lassen den Lachs weg und streuen
stattdessen Frühlingszwiebelringe auf die
Suppe. Freunde der asiatischen Küche nehmen
Garnelen statt Räucherlachs – statt mit Thymian und Senf würzen sie die Suppe dann mit
etwas Limettenschale und Chili.

LINSENSUPPE MIT SCHAFSKÄSE

1 Bund Frühlingszwiebeln | 100 g rote Linsen |
1 EL Olivenöl | 1 TL getrockneter Thymian |
700 ml Gemüsebrühe | 150 g Cocktailtomaten |
100 g Schafskäse (Feta) | 1 Knoblauchzehe |
Salz | Pfeffer

Sämig und doch frisch 🌿

Für 2 Personen | 25 Min. Zubereitung
Pro Portion ca. 395 kcal, 25 g EW, 16 g F, 35 g KH

1 Die Frühlingszwiebeln putzen, waschen und mit
dem Grün in feine Ringe schneiden. Die Linsen in
einem Sieb kalt abbrausen und abtropfen lassen.

2 Das Olivenöl in einem Topf erhitzen und die
Frühlingszwiebelringe mit dem Thymian kurz darin
andünsten. Die Linsen dazugeben und kurz mit andünsten. Die Gemüsebrühe angießen und zum Kochen bringen. Die Suppe zugedeckt bei schwacher

Hitze ca. 20 Min. köcheln lassen, bis die Linsen
weich gegart sind.

3 Inzwischen die Cocktailtomaten waschen und
vierteln. Den Schafskäse in kleine Würfel schneiden oder zerbröckeln. Den Knoblauch schälen und
durch die Knoblauchpresse in die Suppe drücken.
Die Tomaten unterrühren und erwärmen. Die Linsensuppe mit Salz und Pfeffer würzen, auf Teller
verteilen und mit den Schafskäsewürfeln bestreuen. Dazu schmeckt Fladenbrot.

TIPP

Gut schmeckt die Linsensuppe auch mit orien-
talischer Geschmacksnote: mit ca. 1 TL Ras el
Hanout (marokkanische Gewürzmischung)
abschmecken und vor dem Servieren nach Belieben noch mit etwas gehacktem Koriandergrün bestreuen.

PASTA, REIS & CO.

Wenn es mal so richtig schnell gehen, aber dennoch etwas Handfestes auf dem Tisch stehen soll, denke ich fast immer zuerst an Pasta – mit Saucen, die genauso fix fertig sind wie die Nudeln. Aber ständig nur Pasta? Das wird auf Dauer doch etwas langweilig. Nur gut, dass es Reis, Polenta, Gnocchi und Schupfnudeln gibt!

PASTA MIT BRATWURSTSUGO

Eine Idee aus Italien, wo der Sugo mit Salsicce – würzigen rohen Schweinsbratwürsten – zubereitet wird. Aber auch mit jeder anderen Bratwurst schmeckt's fast wie original!

200 g kurze Nudeln
(z. B. Fusilli oder Casarecce)
Salz
1 rote Zwiebel
1 Knoblauchzehe
150 g rohe Bratwurst
1 EL Olivenöl
½ TL Fenchelsamen (nach
Belieben; ersatzweise Oregano)
½ TL getrockneter Thymian
200 g gehackte Tomaten
(aus der Dose)
Pfeffer
geriebener Parmesan (nach
Belieben)

Fürs Urlaubsfeeling

Für 2 Personen |
20 Min. Zubereitung
Pro Portion ca. 595 kcal,
24 g EW, 21 g F, 76 g KH

1 Für die Nudeln 2 l Wasser im Wasserkocher aufkochen, in einen Topf umfüllen und salzen. Die Nudeln darin nach Packungsanweisung al dente garen.

2 Schon während das Wasser erhitzt wird, die Zwiebel und den Knoblauch schälen und in feine Würfel schneiden. Die Bratwurstfüllung in kleinen Stücken aus der Haut drücken (Bild 1).

3 Das Olivenöl in einer Pfanne erhitzen. Die Zwiebel, den Knoblauch, die Fenchelsamen und den Thymian kurz darin andünsten. Die Bratwurststücke dazugeben und unter Rühren leicht braun braten. Die Tomaten hinzufügen (Bild 2). Die Sauce mit Salz und Pfeffer würzen und offen sanft köcheln lassen, bis die Nudeln fertig gegart sind.

4 Die Nudeln abgießen und mit dem Bratwurstsugo mischen (Bild 3). Die Pasta auf Teller verteilen und nach Belieben mit geriebenem Parmesan bestreuen oder diesen extra dazu reichen.

TIPP

Falls Sie keine rohe Bratwurst bekommen, lässt sich der Sugo problemlos auch mit (am besten gemischtem) Hackfleisch zubereiten. Dann aber unbedingt noch ein bisschen kräftiger würzen, sonst schmeckt der Sugo zu fad: außer den Fenchelsamen z. B. noch Chiliflocken verwenden, die für ein besonders pikantes Aroma sorgen. Auch etwas mehr Knoblauch sorgt schon für einen kräftigeren Geschmack.

PASTA MIT SPINAT

1 Frühlingszwiebel | 1 EL Butter | 150 g TK-Blatt-spinat | 75 g Sahne | 200 g kurze Nudeln (z. B. Casarecce oder Spirelli) | Salz | 100 g Gorgon-zola | Pfeffer | frisch geriebene Muskatnuss

Schön cremig 🌿

Für 2 Personen | 20 Min. Zubereitung
Pro Portion ca. 695 kcal, 23 g EW, 34 g F, 73 g KH

1 Die Frühlingszwiebel putzen, waschen und mit dem Grün in feine Ringe schneiden. Die Butter in einem Topf zerlassen und die Zwiebelringe darin bei mittlerer Hitze unter Rühren andünsten. Den Spinat mit der Sahne dazugeben und zugedeckt in ca. 10 Min. weich garen.

2 Gleichzeitig für die Nudeln 2 l Wasser im Was-serkocher aufkochen, in einen Topf umfüllen und salzen. Die Nudeln darin nach Packungsanweisung al dente garen. Den Gorgonzola in kleine Würfel schneiden und im Spinat schmelzen lassen. Die Sauce mit Salz, Pfeffer und Muskatnuss abschme-cken. Die Nudeln abgießen, abtropfen lassen und mit der Sauce mischen.

PASTA MIT ZIEGENKÄSE

200 g kurze Nudeln (z. B. Casarecce oder Spi-relli) | Salz | 250 g Cocktailtomaten | 1 EL But-ter | 1 TL Zucker | Pfeffer | 100 g Ziegenfrisch-käse | Basilikumblätter zum Garnieren

Am besten im Sommer 🌿

Für 2 Personen | 20 Min. Zubereitung
Pro Portion ca. 555 kcal, 20 g EW, 17 g F, 78 g KH

1 Für die Nudeln 2 l Wasser im Wasserkocher auf-kochen, in einen Topf umfüllen und salzen. Die Nu-deln darin nach Packungsanweisung al dente ga-ren. Schon während das Wasser erhitzt wird, die Cocktailtomaten waschen und halbieren. In einer Pfanne die Butter mit dem Zucker, etwas Salz und Pfeffer zerlassen. Die Tomatenhälften mit den Schnittflächen nach unten in die Pfanne legen und ohne Wenden bei mittlerer bis starker Hitze in ca. 5 Min. leicht braun braten.

2 Den Ziegenkäse mit einer Gabel in kleine Stü-cke teilen. Die Nudeln abgießen, abtropfen lassen und in einer Schüssel mit den Tomaten und dem Käse mischen. Mit Basilikum bestreut servieren.

PASTA MIT KÄSESAHNE

200 g Tagliatelle (ersatzweise Fettuccine) |
Salz | 2 Frühlingszwiebeln | 1 Handvoll Rucola |
2 TL Butter | 100 g Sahne | 50 g geriebener Parmesan | Pfeffer

Kräuterfrisch

Für 2 Personen | 20 Min. Zubereitung
Pro Portion ca. 635 kcal, 21 g EW, 28 g F, 74 g KH

1 Für die Nudeln 2 l Wasser im Wasserkocher aufkochen, in einen Topf umfüllen und salzen. Die Nudeln darin nach Packungsanweisung al dente garen. Schon während das Wasser erhitzt wird, die
Frühlingszwiebeln putzen, waschen und und mit
dem Grün in feine Ringe schneiden. Den Rucola
verlesen, von den harten Stielen befreien, waschen, trocken schütteln und grob schneiden.

2 Die Butter in einem Topf zerlassen und die
Zwiebeln darin bei mittlerer Hitze 2 – 3 Min. andünsten. Sahne angießen, Käse hinzufügen und
bei schwacher Hitze schmelzen lassen. Mit Salz
und Pfeffer abschmecken. Die Nudeln abgießen,
abtropfen lassen, mit Sauce und Rucola mischen.

PASTA MIT CHILI-SPECK

200 g kurze Nudeln (z. B. Penne oder Rigatoni) |
Salz | 100 g Speckwürfel (z. B. aus dem Kühlre-
gal) | 1 TL Chiliflocken | 100 g Cocktailtomaten |
1 EL Olivenöl | 2 EL gehackte TK-Petersilie |
Schafskäse zum Bestreuen (Feta)

Deftig-würzig

Für 2 Personen | 20 Min. Zubereitung
Pro Portion ca. 710 kcal, 16 g EW, 39 g F, 72 g KH

1 Für die Nudeln 2 l Wasser im Wasserkocher aufkochen, in einen Topf umfüllen und salzen. Die Nudeln darin nach Packungsanweisung al dente garen. Schon während das Wasser erhitzt wird, die
Speckwürfel mit den Chiliflocken in einer kleinen
Pfanne bei mittlerer Hitze unter gelegentlichem
Rühren leicht braun braten. Die Tomaten waschen
und vierteln.

2 Die Nudeln abgießen, abtropfen lassen und mit
dem Speck, den Tomaten, dem Olivenöl und der
Petersilie im Nudeltopf mischen. Auf Teller verteilen. Nach Belieben mit zerkrümeltem Schafskäse
bestreut servieren.

ERBSEN-ZITRONEN-RISOTTO

Mit Erbsen und Kräutern im Tiefkühlfach und Reis im Schrank steht der Risotto ruck, zuck auf dem Tisch. Und der Käse? Nehmen Sie einfach den, der gerade in Ihrem Kühlschrank ist!

1 Zwiebel
2 EL Butter
150 g Risotto-Reis
(z. B. Carnaroli)
ca. 500 ml heiße
Gemüsebrühe
150 g TK-Erbsen
50 g Gorgonzola
20 g Parmesan
½ TL abgeriebene
Bio-Zitronenschale
2 TL gehacktes TK-Basilikum
Salz | Pfeffer
Außerdem:
gehobelter Parmesan zum
Bestreuen

Mit Zutaten aus dem Vorrat 🌿

Für 2 Personen |
30 Min. Zubereitung
Pro Portion ca. 530 kcal,
18 g EW, 19 g F, 69 g KH

1 Die Zwiebel schälen und fein würfeln. 1 EL Butter in einem Topf zerlassen und die Zwiebel darin kurz andünsten. Den Reis ungewaschen dazugeben und glasig andünsten.

2 Einen Schöpflöffel Gemüsebrühe angießen und den Reis offen bei mittlerer Hitze ca. 15 Min. garen, dabei immer wieder Brühe nachgießen und möglichst häufig durchrühren. Die Erbsen untermischen und den Reis in ca. weiteren 5 Min. bissfest garen.

3 Inzwischen den Gorgonzola und die übrige Butter in kleine Würfel schneiden. Den Parmesan fein reiben. Die Gorgonzola- und die Butterwürfel mit der abgeriebenen Zitronenschale, dem Basilikum und den geriebenem Parmesan unter den Risotto rühren, bis er schön sämig ist.

4 Den Erbsen-Zitronen-Risotto mit Salz und Pfeffer abschmecken. Auf Tellern anrichten, mit gehobeltem Parmesan bestreuen und sofort servieren. Dazu passt knuspriges Brot.

VARIANTE TOMATENRISOTTO MIT TALEGGIO

1 Zwiebel schälen, fein würfeln und in 1 EL Butter in einem Topf andünsten. 150 g Risotto-Reis dazugeben und glasig dünsten. Schöpflöffelweise 500 ml heiße Gemüsebrühe unter häufigem Rühren hinzufügen und den Reis in ca. 20 Min. bissfest garen. 250 g gehäutete gehackte Tomaten (aus der Dose), 100 g gewürfelten Taleggio (ersatzweise Fontina oder Gorgonzola), 1 EL Butter und 2 TL gehacktes TK-Basilikum untermischen. Den Risotto mit Salz und Pfeffer abschmecken und mit frisch geriebenem Parmesan servieren.

GNOCCHI MIT GRÜNEM SPARGEL

250 g grüner Spargel | 1 Frühlingszwiebel |
150 g Cocktailtomaten | 1 Kugel Mozzarella
(125 g) | 1 Stück Bio-Zitronenschale (ca. 1 cm) |
250 g Gnocchi (aus dem Kühlregal) | Salz |
2 EL Olivenöl | Pfeffer

Fein für Gäste

Für 2 Personen | 20 Min. Zubereitung
Pro Portion ca. 560 kcal, 23 g EW, 30 g F, 49 g KH

1 Den Spargel waschen und falls nötig im unteren
Drittel schälen, die holzigen Enden abschneiden.
Den Spargel in ca. 2 cm lange Stücke schneiden.
Die Frühlingszwiebel putzen, waschen und mit dem
Grün in Ringe schneiden. Die Tomaten waschen
und vierteln. Den Mozzarella abtropfen lassen und
in kleine Würfel schneiden. Die Zitronenschale in
feine Streifen schneiden.

2 Für die Gnocchi 2 l Wasser im Wasserkocher
aufkochen, in einen Topf umfüllen und salzen. Die
Gnocchi darin nach Packungsanweisung garen.

3 Schon während das Wasser erhitzt wird, das Öl
in einer Pfanne erwärmen. Die Spargelstücke in die
Pfanne geben und bei mittlerer Hitze in ca. 5 Min.
bissfest braten. Die Tomatenviertel und die Zitronenschale dazugeben. Das Gemüse mit Salz und
Pfeffer abschmecken.

4 Die Gnocchi abgießen, abtropfen lassen und
in einer vorgewärmten Schüssel vorsichtig mit der
Spargelmischung und den Mozzarellawürfeln ver-
mengen. Kurz ziehen lassen, dann auf Teller verteilen und sofort servieren. Dazu schmeckt Rucola-
oder Feldsalat.

SCHUPFNUDELN MIT SPINAT-FETA-GEMÜSE

300 g TK-Blattspinat | Salz | 1 EL Olivenöl | 1 EL Butter | 500 g Schupfnudeln (aus dem Kühlregal) | 2 Frühlingszwiebeln | 100 g Schafskäse (Feta) | 50 g Crème fraîche | 1 TL abgeriebene Bio-Zitronenschale | Pfeffer

Fein gemachte Hausmannskost

Für 2 Personen | 20 Min. Zubereitung
Pro Portion ca. 695 kcal, 20 g EW, 31 g F, 80 g KH

1 Den Spinat mit 50 ml Wasser und etwas Salz in einem Topf zugedeckt bei mittlerer Hitze in ca. 10 Min. auftauen und garen. Das Öl und die Butter in einer Pfanne erhitzen. Die Schupfnudeln darin bei mittlerer Hitze unter gelegentlichem Wenden in ca. 8 Min. knusprig braun braten.

2 Inzwischen die Frühlingszwiebeln putzen, waschen und mit dem Grün in feine Ringe schneiden.

Den Schafskäse in ca. 1 cm große Würfel schneiden. Die Zwiebelringe mit der Crème fraîche und der Zitronenschale unter den Spinat mischen.

3 Den Spinat mit Salz und Pfeffer abschmecken und die Schafskäsewürfel locker unterheben. Die gebratenen Schupfnudeln mit dem Spinat-Feta-Gemüse anrichten und servieren.

VARIANTE SPÄTZLE MIT PILZEN
2 Frühlingszwiebeln putzen, waschen, in Ringe schneiden. 300 g Champignons putzen und in Scheiben schneiden. 300 g Spätzle (gegart; aus dem Kühlregal) in 1 EL Butter braten und aus der Pfanne nehmen. Pilze und Zwiebeln in 1 EL Butter 3 – 4 Min. braten. 3 EL Sahne und 1 EL gehackte TK-Petersilie dazugeben. Mit Salz und Paprikapulver abschmecken und die Spätzle untermischen.

ZUCCHINIPOLENTA

Die sämige Polenta mit Gemüse und Käse lasse ich mir immer wieder gerne als vegetarisches Abendessen schmecken – am liebsten zusammen mit einem frischen Salat.

1 Zucchino (ca. 200 g)
1 Tomate (ca. 100 g)
1 Frühlingszwiebel
1 EL Olivenöl
125 g Instant-Polenta
(Instant-Maisgrieß)
Salz
100 g Gorgonzola
(ersatzweise Fontina)
2 TL gehacktes TK-Basilikum
Pfeffer

Sommerlich leicht 🌿

Für 2 Personen |
20 Min. Zubereitung
Pro Portion ca. 465 kcal,
17 g EW, 22 g F, 49 g KH

1 Den Zucchino putzen, waschen und in kleine Würfel schneiden. Die Tomate waschen oder häuten und ebenfalls in Würfel schneiden, dabei den Stielansatz entfernen. Die Frühlingszwiebel putzen, waschen und mit dem Grün in feine Ringe schneiden.

2 Das Olivenöl in einem Topf erhitzen. Die Zucchinowürfel und die Frühlingszwiebelringe darin bei mittlerer Hitze unter Rühren kurz andünsten. Die Polenta dazugeben und kurz mit andünsten. 500 ml Wasser angießen und zum Kochen bringen. Die Polenta mit Salz würzen und zugedeckt bei sehr schwacher Hitze in ca. 5 Min. ausquellen lassen.

3 Inzwischen den Gorgonzola in kleine Würfel schneiden. Mit den Tomatenwürfeln und dem Basilikum unter die Polenta rühren. Die Polenta kurz ziehen lassen, bis der Käse geschmolzen ist. Die Zucchinipolenta mit Salz und Pfeffer abschmecken und sofort servieren. Dazu passt Blattsalat oder gemischter Salat.

TIPP Wie würzig die Polenta schmeckt, hängt stark von der Wahl des Käses ab. Ein Gorgonzola kann mild bis sehr pikant sein, ein Fontina hingegen ist von Haus aus milder. Die Polenta schmeckt auch mit Kohlstreifen (von Anfang an mitgaren), mit Pilzen (anbraten und mit der Polenta garen), mit TK-Brokkoli oder TK-Spinat (beides von Anfang an mitgaren).

SCHNELL GEBRATEN

Ganz klar: Fast nichts steht schneller auf dem Tisch als ein kurz gebratenes Steak oder Schnitzel aus der Pfanne. Sie mögen es wie ich jedoch gerne etwas pfiffiger und abwechslungsreicher? Kein Problem, denn für das Kochen von Gemüsecurry, würzigem Rührei oder Fischragout brauchen Sie kaum mehr Zeit!

KÜRBIS-PILZ-CURRY

Hokkaidokürbisse gibt es im Naturkosthandel so gut wie das ganze Jahr über. Ganz schön praktisch, denn der schmackhafte Kürbis muss nicht geschält werden.

½ Hokkaidokürbis (ca. 400 g)
250 g kleine Champignons
1 Zwiebel
1 Stück Ingwer (ca. 2 cm lang)
2 EL neutrales Öl
1 TL Currypaste (rot oder grün;
aus dem Asienladen)
200 ml Kokosmilch
Salz
2 TL Limettensaft
(ersatzweise Zitronensaft)
¼ Bund Koriander

Schnell zu variieren 🌿

Für 2 Personen |
30 Min. Zubereitung
Pro Portion ca. 390 kcal,
10 g EW, 28 g F, 23 g KH

1 Den Kürbis waschen und die Kerne sowie das faserige Fruchtfleisch mit einem Löffel herausschaben. Den Kürbis mit der Schale in ca. 2 cm große Stücke schneiden. Die Pilze putzen, bei Bedarf mit einem Tuch abreiben und je nach Größe ganz lassen oder halbieren. Die Zwiebel und den Ingwer schälen und in feine Würfel schneiden.

2 Das Öl in einem Topf erhitzen und die Pilze darin bei mittlerer bis starker Hitze kurz anbraten. Die Kürbisstücke dazugeben und kurz mitbraten. Die Zwiebel und den Ingwer hinzufügen.

3 Die Currypaste gut unter die Gemüsemischung rühren und kurz mitbraten. Die Kokosmilch und 50 ml Wasser angießen. Das Curry mit Salz und dem Limettensaft würzen und zugedeckt bei schwacher Hitze ca. 15 Min. garen.

4 Inzwischen den Koriander waschen und trocken schütteln, die Blätter abzupfen und fein hacken. Das Curry mit Salz abschmecken und mit dem Koriander bestreut servieren. Dazu schmeckt Gewürzreis mit Mandeln (siehe S. 6).

TIPP Probieren Sie statt der Kombination aus Kürbis und Pilzen folgende Varianten: Blumenkohl bzw. Brokkoli mit Tomaten, Rosenkohl mit Knollensellerie oder Zucchini mit Paprikaschoten. Das Gemüse je nach Sorte putzen und waschen oder schälen, und das Curry damit wie im Rezept oben beschrieben zubereiten.

BRATKARTOFFELPFANNE

400 g festkochende Kartoffeln | 2 EL Olivenöl | Salz | 1 Zwiebel | 250 g Weißkohl (ersatzweise Spitzkohl) | 50 g Speckwürfel (z. B. aus dem Kühlregal) | 1 TL Kümmelsamen (nach Belieben) | 50 g saure Sahne | 1 TL scharfer Senf | Pfeffer

Besonders preiswert

Für 2 Personen | 30 Min. Zubereitung
Pro Portion ca. 440 kcal, 8 g EW, 32 g F, 30 g KH

1 Die Kartoffeln schälen, waschen und in ca. 1 cm große Würfel schneiden. Das Olivenöl in einer Pfanne erhitzen, die Kartoffeln dazugeben, salzen und unter gelegentlichem Wenden bei mittlerer Hitze ca. 10 Min. braten.

2 Inzwischen die Zwiebel schälen, vierteln und in feine Streifen schneiden. Den Weißkohl putzen, waschen und ebenfalls in feine Streifen schneiden, dabei den harten Strunk entfernen. Die Zwiebel, den Kohl, die Speckwürfel und nach Belieben den Kümmel zu den Kartoffeln geben. Alles ca. 5 Min. weiterbraten, bis der Kohl bissfest ist und die Kartoffeln gar sind.

3 Die saure Sahne mit dem Senf verrühren und unter die Gemüse mischen. Die Bratkartoffeln mit Salz und Pfeffer abschmecken und sofort servieren. Dazu schmeckt Feld- oder Endiviensalat.

TIPP

Vegetarier lassen den Speck weg oder ersetzen ihn durch Räuchertofu. Diesen aber erst zum Schluss zugeben und nur kurz mitbraten, sonst wird er trocken.

RÜHREI MIT PAPRIKA UND SARDELLEN

100 g gehäutete Paprikaschoten (aus dem Glas) | 2 Sardellenfilets (in Öl eingelegt) | 2 große Frühlingszwiebeln | 4 Eier (Größe M) | 2 EL Milch | Salz | 1 EL Butter | ¼ TL Chiliflocken | 2 TL gehackte TK-Petersilie

Aufgepeppter Blitz-Klassiker

Für 2 Personen | 15 Min. Zubereitung
Pro Portion ca. 245 kcal, 17 g EW, 18 g F, 5 g KH

1 Die Paprikaschoten in ca. 1 cm breite Streifen schneiden. Die Sardellenfilets fein hacken. Die Frühlingszwiebeln putzen, waschen und mit dem Grün in feine Ringe schneiden. Die Eier mit der Milch verquirlen und mit Salz würzen.

2 Die Butter in einer Pfanne zerlassen. Die Zwiebelringe mit den Chiliflocken darin bei mittlerer Hitze unter Rühren ca. 1 Min. andünsten. Die Paprikastreifen, die gehackten Sardellen sowie die Petersilie dazugeben und erhitzen.

3 Die Eiermasse unterrühren und 1 – 2 Min. braten, bis sie gestockt, aber nicht trocken ist. Das Rührei auf Teller verteilen und sofort servieren. Dazu schmecken knusprige Brotscheiben oder auch Ofenkartoffeln sehr gut.

TIPP

Statt mit Paprikaschoten schmeckt das Rührei auch mit Zucchini sehr lecker: Dafür die Zucchini putzen, waschen, in Stifte schneiden und 1 – 2 Min. anbraten. Eine ebenfalls feine Alternative sind Cocktailtomaten, die halbiert und wie die Paprikaschote nur kurz erhitzt werden.

KICHERERBSENPÜREE MIT LAMMMEDAILLONS

Hier ist das fein gewürzte Püree aus nussigen Kichererbsen und fruchtigen Paprikastücken die Hauptsache. Als edle Beilage gibt es saftiges Lammfleisch.

Für das Kichererbsenpüree:
1 Dose Kichererbsen
(265 g Abtropfgewicht)
100 ml Gemüsebrühe
100 g gehäutete Paprika-
schoten (aus dem Glas)
1½ EL Olivenöl
2 TL gehackte TK-Petersilie
Chiliflocken (nach Belieben)
Salz
1 Spritzer Limettensaft
Für die Lammmedaillons:
300 g Lammrückenfilet
Salz
1½ EL Olivenöl

Ziemlich edel

Für 2 Personen |
20 Min. Zubereitung
Pro Portion ca. 410 kcal,
37 g EW, 22 g F, 14 g KH

1 Für das Kichererbsenpüree die Kichererbsen in ein Sieb abgießen, kalt abbrausen und kurz abtropfen lassen. Mit der Gemüsebrühe in einem Topf zum Kochen bringen und in 2 – 3 Min. heiß werden lassen.

2 Inzwischen die Paprikaschoten abtropfen lassen und in grobe Würfel schneiden. Die Kichererbsen in der Gemüsebrühe mit dem Stabmixer pürieren, dabei das Olivenöl untermixen. Die Paprikawürfel und die Petersilie untermischen. Das Kichererbsenpüree mit Chiliflocken nach Belieben, Salz und dem Limettensaft abschmecken. Zugedeckt warm halten.

3 Für die Lammmedaillons das Lammfleisch gegen die Faser leicht schräg in ca. 1 cm dicke Scheiben schneiden. Die Fleischscheiben mit Salz würzen und mit dem Olivenöl einreiben.

4 Eine Pfanne erhitzen und die Lammmedaillons darin bei mittlerer bis starker Hitze pro Seite 1 Min. braten. Das Kichererbsenpüree mit den Lammmedaillons auf Tellern anrichten.

VARIANTE AVOCADOPÜREE

Statt der Kichererbsen 1 große, reife Avocado halbieren und den Stein entfernen. Mit einem Löffel das Fruchtfleisch aus der Schale lösen und mit einer Gabel zerdrücken. Mit 1 Tomate (gewürfelt) oder Paprikaschote (gehäutet und gewürfelt), 1 Frühlingszwiebel (in feinen Ringen) und ¼ Bund Minze (gehackt) verrühren. Mit 1 EL Zitronensaft, Salz und Chiliflocken abschmecken. Wer mag, kann noch ca. 50 g zerbröckelten Schafskäse unter das Püree mischen.

HÄHNCHENBRUST MIT CHILITOMATEN

2 Hähnchenbrustfilets | Salz | Pfeffer | 8 dünne Scheiben durchwachsener Räucherspeck | 12 Salbeiblätter (nach Belieben) | 2 EL Olivenöl | 1 Dose stückige Tomaten (400 g) | ½ TL Chiliflocken | 1 TL Honig

Wunderbar saftig

Für 2 Personen | 25 Min. Zubereitung
Pro Portion ca. 740 kcal, 38 g EW, 61 g F, 10 g KH

1 Das Hähnchenfleisch kalt abbrausen, trocken tupfen und mit Salz und Pfeffer würzen. Jeweils 4 Scheiben Speck nebeneinanderlegen und nach Belieben die Salbeiblätter darauf verteilen. Jeweils 1 Hähnchenbrustfilet auf 4 Speckscheiben legen und darin einwickeln.

2 In einer Pfanne 1 EL Olivenöl erhitzen. Die Hähnchenbrustfilets darin zunächst rundherum kräftig anbraten, dann unter gelegentlichem Wenden bei mittlerer Hitze in ca. 8 Min. gar braten.

3 Das restliche Öl in einer zweiten Pfanne erhitzen. Die Tomaten mit den Chiliflocken dazugeben und bei starker Hitze heiß werden lassen. Mit etwas Salz und dem Honig abschmecken.

4 Das Hähnchenfleisch in Scheiben schneiden und mit den Tomaten auf Tellern anrichten. Dazu schmecken knuspriges Brot oder in Butter erhitzte Gnocchi (aus dem Kühlregal).

TIPP

Für eine besonders frische Variante die Hähnchenbrust abkühlen lassen, in dünne Scheiben scheiben und auf Tomatensalat anrichten.

PAPRIKA-HÄHNCHEN-WOK

250 g Hähnchenbrustfilet | 2 EL helle Soja-sauce | 1 EL Limettensaft (ersatzweise Zitronen-saft) | 1 TL flüssiger Honig | ½ TL Chiliflocken | je 1 rote und gelbe Paprikaschote (à ca. 150 g) | 2 große Frühlingszwiebeln | 1 Stück Ingwer (ca. 2 cm lang) | 3 EL neutrales Öl | 100 ml Ge-müsebrühe (ersatzweise Hühnerbrühe) | 1 TL Speisestärke | Salz

Asiatisch inspiriert

Für 2 Personen | 20 Min. Zubereitung
Pro Portion ca. 365 kcal, 33 g EW, 18 g F, 17 g KH

1 Das Hähnchenbrustfilet kalt abbrausen, mit Küchenpapier trocken tupfen, in dünne Scheiben schneiden und in eine Schüssel geben. Die Soja-sauce mit dem Limettensaft, dem Honig und den Chiliflocken verrühren. Die Mischung unter das Hähnchenfleisch mischen.

2 Die Paprikaschoten vierteln, weiße Trennwände und Kerne entfernen, die Viertel waschen und in Streifen schneiden. Die Frühlingszwiebeln putzen, waschen und mit dem Grün in feine Ringe schnei-den. Den Ingwer schälen und zuerst in dünne Scheiben, dann in feine Streifen schneiden.

3 Das Öl im Wok oder in einer Pfanne erhitzen. Die Paprikastreifen darin unter Rühren ca. 2 Min. anbraten. Das Hähnchenfleisch, die Zwiebelringe und die Ingwerstreifen dazugeben und alles ca. 2 Min. weiterbraten.

4 Die Gemüsebrühe mit der Speisestärke glatt rühren, in den Wok gießen und einmal aufkochen lassen. Den Paprika-Hähnchen-Wok mit Salz ab-schmecken. Dazu passt Gewürzreis mit Mandeln oder Kräuter-Couscous (siehe S. 6).

ENTENBRUST MIT ORANGENSAUCE

Ente à l'orange für Eilige – und niemand wird merken, dass diese Version im Gegensatz zum Original im Handumdrehen fertig ist. Also auch für Einladungen super!

Für die Sauce:
2 Bio-Orangen
1 rote Zwiebel
1 EL Olivenöl
½ TL getrockneter Thymian
¼ TL Chiliflocken
(nach Belieben)
1 EL kleine schwarze Oliven
1 TL Honig
Salz

Für die Entenbrust:
2 Entenbrustfilets (à ca. 220 g)
Salz | Pfeffer
2 TL neutrales Öl

Ein Festessen

Für 2 Personen |
35 Min. Zubereitung
Pro Portion ca. 550 kcal,
41 g EW, 33 g F, 17 g KH

1 Für die Sauce 1 Orange waschen und trocken reiben, ein Viertel der Schale fein abreiben. Den Saft beider Orangen auspressen. Die Zwiebel schälen, vierteln und in feine Streifen schneiden. Das Olivenöl in einer Pfanne erhitzen. Die Zwiebel mit dem Thymian und nach Belieben den Chiliflocken dazugeben und bei mittlerer Hitze ca. 5 Min. dünsten. Den Orangensaft angießen und bei starker Hitze sämig einkochen lassen. Die Oliven, den Honig und die Orangenschale untermischen (Bild 1). Die Sauce mit Salz abschmecken und warm halten.

2 Für die Entenbrust die Fettschicht der Entenbrustfilets mit einem scharfen Messer rautenförmig einschneiden, ohne das Fleisch dabei zu verletzen (Bild 2). Die Entenbrüste mit Salz und Pfeffer würzen. Den Backofen auf 50° einschalten. Das neutrale Öl in einer großen Pfanne erhitzen. Die Entenbrüste darin mit der Hautseite nach unten bei mittlerer Hitze 6 Min. braten, bis die Haut knusprig und Fett ausgebraten ist. Die Entenbrüste umdrehen und auf der Fleischseite ca. weitere 4 Min. braten (Bild 3).

3 Die Entenbrustfilets in doppelt gefaltete Alufolie wickeln und auf dem Rost im Backofen ca. 5 Min. ruhen lassen. In feine Scheiben schneiden, dabei den auslaufenden Saft auffangen und unter die Sauce rühren. Das Fleisch mit der Sauce auf Tellern anrichten. Dazu passen Ofenkartoffeln oder Brot.

TIPP Noch hübscher sieht das Gericht mit Orangenfilets aus. Dazu 1 Orange so schälen, dass auch die weiße Haut mit entfernt wird, und die Fruchtfilets zwischen den Trennhäuten herausschneiden. Zum Schluss in der Orangensauce erwärmen.

GEBRATENE FISCHFILETS MIT SAUERKRAUT

1 große Zwiebel | 2 EL neutrales Öl | 1 TL Kümmelsamen (nach Belieben) | Salz | 2 Fischfilets (à ca. 180 g; ohne Haut; z. B. Zander oder nicht zu fetter Lachs) | 1 EL Zitronensaft | Pfeffer | 1 EL Butter | 300 g gegartes Sauerkraut (aus der Dose oder dem Beutel) | je 1 TL edelsüßes und rosenscharfes Paprikapulver | 50 g saure Sahne | 1 Prise Zucker (nach Belieben)

Winter-Vitamine

Für 2 Personen | 20 Min. Zubereitung
Pro Portion ca. 360 kcal, 38 g EW, 21 g F, 3 g KH

1 Die Zwiebel schälen, vierteln und in feine Streifen schneiden. In einem Topf 1 EL Öl erhitzen, die Zwiebel und nach Belieben den Kümmel dazugeben und salzen. Bei mittlerer Hitze unter gelegentlichem Rühren ca. 5 Min. braten, bis die Zwiebel weich, aber nicht braun ist.

2 Inzwischen die Fischfilets kalt abbrausen und trocken tupfen. Mit dem Zitronensaft beträufeln und mit Salz und Pfeffer würzen. Das restliche Öl mit der Butter in einer Pfanne erhitzen. Die Fischfilets darin bei mittlerer Hitze 2 – 3 Min. braten, wenden und in weiteren 2 – 3 Min. fertig braten.

3 Das Sauerkraut zu den Zwiebelstreifen geben und heiß werden lassen. Beide Sorten Paprikapulver und die saure Sahne untermischen. Das Sauerkraut mit Salz, Pfeffer und nach Belieben mit 1 Prise Zucker abschmecken.

4 Die Fischfilets mit dem Sauerkraut auf Teller verteilen und nach Belieben mit etwas Bratfett beträufeln. Dazu schmeckt sehr gut Kartoffelstampf mit Kräutern (siehe S. 7).

FISCH-TOMATEN-RAGOUT

250 g Cocktailtomaten | 2 Frühlingszwiebeln |
4 Zweige Minze | 350 g Fischfilets (ohne Haut;
z. B. Zander, Lachsforelle oder Seelachs) |
1 EL neutrales Öl | 1 EL Butter | Salz | Pfeffer

Leicht und erfrischend

Für 2 Personen | 20 Min. Zubereitung
Pro Portion ca. 255 kcal, 35 g EW, 11 g F, 4 g KH

1 Die Cocktailtomaten überbrühen, kurz ziehen
lassen, kalt abschrecken und mit den Fingern vorsichtig aus den Häuten herausdrücken. Die Frühlingszwiebeln putzen, waschen und mit dem Grün
in feine Ringe schneiden. Die Minzezweige waschen und trocken schütteln, die Blätter abzupfen
und fein hacken.

2 Mit den Fingerspitzen über die Fischfilets strei-
chen. Falls Gräten zu spüren sind, diese mit einer
Pinzette vorsichtig aus dem Fischfleisch ziehen.
Die Fischfilets in ca. 2 cm große Stücke schneiden.

3 Das Öl mit der Butter in einer Pfanne erhitzen.
Die Fischwürfel darin bei mittlerer Hitze unter vor-
sichtigem Wenden ca. 2 Min. braten. Herausneh-
men und auf einem Teller beiseitestellen.

4 Die Zwiebelringe ins Bratfett geben und bei
mittlerer Hitze unter Rühren ca. 2 Min. braten. Tomaten dazugeben und 1 – 2 Min. weiterbraten. Den
Fisch und die Minze untermischen, mit Salz und
Pfeffer abschmecken und sofort servieren.

TIPP

Wer das intensive Aroma von Minze nicht mag
oder das Kraut nicht bekommt, kann das Fischragout stattdessen auch mit Rucola, Petersilie
oder Basilikum zubereiten.

OFENFRISCH SERVIERT

Auch wenn es ein bisschen länger dauert, bis das Essen auf dem Tisch steht – ich schwöre auf Backofengerichte. Denn wenn sie erst einmal vorbereitet sind und im Ofen von ganz alleine garen, kann ich in aller Ruhe den Tisch decken oder noch einen Salat zubereiten. Dann heißt es nur noch: entspannt genießen!

HACKFLEISCHSTRUDEL MIT JOGHURTSAUCE

Fein gewürztes Fleisch in knusprigem Teig und dazu eine frische Joghurtsauce – genau das Richtige, wenn man sich nach Feierabend mal etwas Besonderes gönnen möchte!

Für die Hackfleischstrudel:
1 Scheibe Toastbrot (ersatzweise anderes Weißbrot)
1 kleine rote Paprikaschote
2 Frühlingszwiebeln
2 Knoblauchzehen
1 EL gehackte TK-Petersilie
1 TL scharfer Senf
1 TL rosenscharfes Paprikapulver
250 g Hackfleisch (gemischt oder vom Rind)
Salz | Pfeffer
2 EL Butter
120 g Strudelteig (aus dem Kühlregal)
Für die Joghurtsauce:
200 g Joghurt
1 TL gemahlener Koriander
1 TL Olivenöl
Salz

Gerollter Genuss

Für 2 Personen |
30 Min. Zubereitung |
20 Min. Backen
Pro Portion ca. 720 kcal,
37 g EW, 42 g F, 47 g KH

1 Für die Hackfleischstrudel das Brot in lauwarmem Wasser einweichen. Die Paprikaschote halbieren, weiße Trennwände und Kerne entfernen, die Hälften waschen und klein würfeln, Die Frühlingszwiebeln putzen, waschen und mit dem Grün in feine Ringe schneiden. Den Knoblauch schälen und durch die Knoblauchpresse drücken.

2 Das Toastbrot ausdrücken und fein zerpflücken. Mit Paprikawürfeln, Frühlingszwiebeln, Knoblauch, Petersilie, Senf und Paprikapulver gründlich unter das Hackfleisch kneten. Die Hackfleischmasse mit Salz und Pfeffer würzen. Den Backofen auf 220° vorheizen. Ein Backblech mit Backpapier belegen. Die Butter in einem Topf zerlassen.

3 Den Strudelteig vorsichtig abrollen und falls nötig in vier Stücke schneiden. Die Stücke mit Butter bepinseln, jeweils mittig zusammenklappen und nochmals mit Butter bepinseln. Je ein Viertel der Hackfleischmasse gleichmäßig darauf verteilen, dabei rundherum einen kleinen Rand frei lassen.

4 Die Strudelteigstücke aufrollen, nebeneinander auf das Blech legen und mit Butter bepinseln. Im Ofen (Mitte) in 18 – 20 Min. goldbraun backen. Inzwischen für die Sauce den Joghurt mit dem Koriander und dem Öl verrühren. Die Joghurtsauce mit Salz abschmecken und zu den Hackfleischstrudeln servieren.

TIPP

Noch würziger werden die Hackfleischstrudel mit Lammhackfleisch. Dieses ist beim Metzger (oft nur gegen Vorbestellung) oder im türkischen Lebensmittelladen erhältlich.

HÄHNCHENKEULEN AUF KÜRBIS

½ Hokkaidokürbis (ca. 400 g) | Salz | Pfeffer | 2 EL neutrales Öl | 1 Stück Ingwer (ca. 3 cm lang) | 2 EL Sojasauce | 1 EL Limettensaft (ersatzweise Zitronensaft) | 2 TL Honig | 1 TL Sambal Oelek | 2 Hähnchenkeulen (vom Metzger in Unter- und Oberschenkel geteilt)

Wärmende Herbstmahlzeit

Für 2 Personen | 20 Min. Zubereitung |
30 Min. Backen
Pro Portion ca. 470 kcal, 32 g EW, 27 g F, 23 g KH

1 Den Hokkaidokürbis waschen und die Kerne und das faserige Fruchtfleisch mit einem Löffel herausschaben. Den Kürbis mit der Schale in ca. 1 cm dicke Scheiben schneiden. Die Kürbisscheiben dicht nebeneinander in eine ofenfeste Auflaufform legen, mit Salz und Pfeffer würzen und mit dem Öl beträufeln.

2 Den Backofen auf 220° vorheizen. Den Ingwer schälen und sehr fein hacken oder durch die Knoblauchpresse drücken. Mit Sojasauce, Limettensaft, Honig und Sambal Oelek verrühren.

3 Die Hähnchenkeulen kalt abbrausen, trocken tupfen, rundherum mit Salz würzen und mit der Ingwerpaste einpinseln. Die Keulen auf den Kürbis legen und im Ofen (Mitte) ca. 30 Min. backen. Mit einer Nadel einstechen. Tritt klarer Saft aus, sind die Hähnchenkeulen fertig, ist er noch rötlich, noch ca. 5 Min. weitergaren. Die Hähnchenkeulen mit dem Kürbis servieren.

TIPP

Im Sommer können Sie die Hähnchenkeulen statt auf Kürbis auf 1 in Scheiben geschnittenen Aubergine und ca. 150 g halbierten Cocktailtomaten zubereiten.

FISCHFILETS MIT ZUCCHINIHAUBE

1 Zucchino (ca. 200 g) | Salz | 1 Frühlingszwiebel | ½ TL abgeriebene Bio-Zitronenschale | 50 g Semmelbrösel | 1 EL gehackte TK-Petersilie | 1 TL scharfer Senf | 3 EL Olivenöl | 1 Knoblauchzehe | Pfeffer | 2 Fischfilets (à ca. 150 g, ohne Haut; z. B. Lachs, Zander oder Lachsforelle) | 2 TL Zitronensaft

Super saftig

Für 2 Personen | 20 Min. Zubereitung | 20 Min. Backen
Pro Portion ca. 375 kcal, 33 g EW, 17 g F, 21 g KH

1 Den Zucchino putzen, waschen und grob raspeln. Die Zucchinoraspel mit 1 TL Salz mischen und ziehen lassen, bis die restlichen Zutaten vorbereitet sind. Die Frühlingszwiebel putzen, waschen und mit dem Grün fein hacken. Den Backofen auf 220° vorheizen.

2 Die Zucchinoraspel ausdrücken und mit Frühlingszwiebel, Zitronenschale, Semmelbröseln, Petersilie, Senf und Öl gründlich verrühren. Den Knoblauch schälen, durch die Knoblauchpresse zur Zucchinomasse drücken und unterrühren. Die Mischung mit Salz und Pfeffer abschmecken.

3 Die Fischfilets kalt abbrausen, trocken tupfen und mit Salz und Pfeffer würzen. Nebeneinander in eine ofenfeste Form legen und mit dem Zitronensaft beträufeln. Die Zucchinomasse gleichmäßig darauf verteilen.

4 Die Fischfilets im Ofen (Mitte) ca. 20 Min. backen, bis die Zucchinomasse schön gebräunt ist. Auf Tellern servieren. Dazu schmeckt lauwarmer Brokkolisalat (siehe S. 7).

KÄSEFRITTATA MIT KRÄUTERN

100 g mittelalter Bergkäse | 2 Frühlingszwiebeln | 4 Eier (Größe M) | 2 EL geriebener Parmesan | 1 Pck. gemischte TK-Kräuter (50 g) | Salz | Pfeffer | Butter für die Form

Ganz einfach 🌿

Für 2 Personen | 15 Min. Zubereitung |
25–30 Min. Backen
Pro Portion ca. 380 kcal, 30 g EW, 28 g F, 2 g KH

1 Den Backofen auf 180° vorheizen. Eine eckige ofenfeste Form (ca. 15 × 15 cm; ersatzweise eine entsprechend große runde ofenfeste Form) leicht mit Butter einfetten.

2 Den Bergkäse falls nötig von der Rinde befreien und in kleine Würfel schneiden. Die Frühlingszwiebeln putzen, waschen und mit dem Grün in feine Ringe schneiden.

3 Die Eier, den Parmesan und die Kräuter in einer Schüssel mit einer Gabel leicht verquirlen. Die Eiermasse mit Salz und Pfeffer würzen. Die Käsewürfel und die Frühlingszwiebelringe untermischen. Die Masse in die Form füllen.

4 Die Frittata im Ofen (Mitte) 25–30 Min. backen, bis die Eiermasse gestockt und leicht gebräunt ist. Die Frittata in Stücke schneiden und sofort servieren. Dazu schmeckt Feldsalat und dunkles Brot.

TIPP

Dieses Grundrezept kann man vielseitig abwandeln. Statt Kräutern können Sie z. B. 1 kleinen geraspelten Zucchino oder ca. 50 g aufgetauten TK-Blattspinat unter die Eiermasse mischen. Oder Sie verrühren die Eier nur mit dem Käse, füllen sie in die Form und verteilen 100 g halbierte Cocktailtomaten darauf.

ZWIEBELFLADEN

400 g rote Zwiebeln | 1 TL Chiliflocken | Salz |
1 Rolle Pizzateig (ca. 400 g; backfertig auf Back-
papier; aus dem Kühlregal) | 250 g saure Sahne

Begleiter zu Wein 🌿

Für 2 Personen | 15 Min. Zubereitung |
15 Min. Backen
Pro Portion ca. 820 kcal, 20 g EW, 38 g F, 99 g KH

1 Den Backofen auf 220° vorheizen. Die Zwiebeln
schälen, vierteln und in feine Streifen schneiden.
Die Zwiebelstreifen mit den Chiliflocken mischen
und mit Salz würzen.

2 Den Pizzateig mitsamt dem Backpapier auf ein
Backblech legen. Die Teigplatte mit den Fingern
noch etwas dünner drücken oder mit dem Nudel-
holz dünner ausrollen.

3 Die saure Sahne mit den Zwiebeln verrühren.
Die Zwiebelmischung gleichmäßig auf dem Teig
verstreichen. Den Fladen im Ofen (Mitte) in
ca. 15 Min. goldbraun backen. In Stücke schneiden
und sofort servieren. Dazu schmeckt Blattsalat.

VARIANTE APFEL-SPECK-FLADEN
2 säuerliche Äpfel vierteln, schälen, entkernen
und in schmale Spalten schneiden. Mit
75 g Speckwürfeln, 1 Frühlingszwiebel (in Ringe geschnitten) und 150 g saurer Sahne verrühren. Die Apfelmasse mit Salz, Pfeffer und even-
tuell 1 TL Kümmelsamen würzen. Auf dem Teig
verteilen und im vorgeheizten Ofen bei 220°
(Mitte) in ca. 15 Min. goldbraun backen.

CHICORÉE-QUICHE

Chicorée gibt es dann knackig-frisch, wenn das Herbstgemüse aus heimischem Anbau längst gegessen ist und die zarten Frühlingsboten noch auf sich warten lassen.

500 g Chicorée
1 EL Butter
1 TL Zucker
Salz | Pfeffer
1 Rolle Blätterteig (ca. 275 g;
backfertig auf Backpapier;
aus dem Kühlregal)
100 g Käse zum Reiben
(z. B. Appenzeller)
100 g Sahne
2 Eier (Größe M)
1 TL rosenscharfes Paprikapulver

Fein-herber Wintergenuss 🌿

Für 2 Personen |
20 Min. Zubereitung |
25 Min. Backen
Pro Portion ca. 1025 kcal,
30 g EW, 77 g F, 55 g KH

1 Den Chicorée putzen, waschen und den harten Strunk entfernen, die Blätter in ca. 1 cm breite Streifen schneiden. Die Butter mit dem Zucker in einer Pfanne zerlassen und den Chicorée darin bei starker Hitze unter Rühren in 2 – 3 Min. zusammenfallen lassen. Das Gemüse mit Salz und Pfeffer würzen.

2 Den Backofen auf 220° vorheizen. Den Blätterteig mitsamt dem Backpapier in eine passende ofenfeste Form legen und dabei einen kleinen Rand hochziehen. Den Teig mit einer Gabel mehrmals einstechen.

3 Den Käse fein reiben. Die Sahne mit den Eiern und dem Paprikapulver in einem hohen Rührbecher verquirlen. Den geriebenen Käse unterrühren und die Eiermasse mit Salz und Pfeffer würzen.

4 Den Chicorée auf dem Teig verteilen und die Eiermasse gleichmäßig darübergießen. Beides bedeckt den Teigboden zunächst nicht komplett, wird aber beim Backen zu einem geschlossenen Belag. Die Quiche im Ofen (unten) in ca. 25 Min. goldbraun backen. Zum Servieren in Stücke schneiden.

VARIANTE

ARTISCHOCKEN-QUICHE
300 g Artischockenherzen oder -böden (aus dem Glas) in Scheiben schneiden und mit 100 g halbierten Cocktailtomaten sowie 1 EL gehacktem TK-Basilikum mischen. Mit Salz und Pfeffer würzen und auf 275 g Blätterteig verteilen. 250 g gewürfelten Mozzarella gleichmäßig darüberstreuen: Quiche mit 2 EL Olivenöl beträufeln und im auf 220° vorgeheizten Ofen (unten) in ca. 25 Min. goldbraun backen.

PIZZA MIT SCHAFSKÄSECREME UND TOMATEN

Auch wenn es Pizza in allen Varianten tiefgekühlt zu kaufen gibt – den Teig nach eigenem Geschmack selbst belegen macht Spaß und sorgt für mehr Abwechslung auf dem Tisch!

150 g Schafskäse (Feta)
150 g Joghurt
Salz | Pfeffer
250 g große Cocktailtomaten
1 Rolle Pizzateig (ca. 400 g;
backfertig auf Backpapier;
aus dem Kühlregal)
1 EL Olivenöl
Basilikum- oder Minzeblätter
zum Bestreuen

würzig fein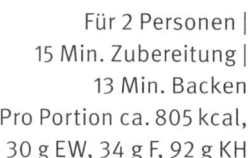

Für 2 Personen |
15 Min. Zubereitung |
13 Min. Backen
Pro Portion ca. 805 kcal,
30 g EW, 34 g F, 92 g KH

1 Den Backofen auf 250° vorheizen. Den Schafskäse zerbröckeln, mit dem Joghurt vermischen und alles mit dem Stabmixer fein pürieren (Bild 1). Die Schafskäse-Joghurt-Masse mit Salz und Pfeffer abschmecken. Die Tomaten waschen und halbieren.

2 Den Pizzateig mitsamt dem Backpapier auf ein Backblech legen und mit der Schafskäsecreme bestreichen. Die Tomatenhälften mit der Schnittfläche nach oben daraufsetzen (Bild 2). Die Pizza leicht mit Salz würzen und mit dem Olivenöl beträufeln.

3 Die Pizza im Ofen (Mitte) in ca. 13 Min. goldbraun und knusprig backen. Kurz stehen lassen und mit dem Basilikum oder der Minze bestreuen (Bild 3). Zum Servieren in Stücke schneiden. Dazu passt Rucola- oder Feldsalat.

TIPP

Fertig gekaufter Pizzateig ist eine praktische Sache. Trotzdem schmeckt er selbst gemacht einfach besser – und ist, z. B. am Vorabend oder morgens, in wenigen Minuten geknetet: 10 g frische Hefe in 185 ml lauwarmem Wasser mit 1 Prise Zucker verrühren. 250 g Mehl mit 1 gestrichenen TL Salz, der Hefe und 2 EL Olivenöl gründlich zu einem glatten Teig verkneten. Den Teig mit einem Küchentuch zugedeckt im Kühlschrank über Nacht oder mindestens 6 Std. gehen lassen. Dann auf Backpapier auf dem Backblech ausrollen und wie im Rezept oben beschrieben belegen und backen.

REGISTER

Damit Sie Rezepte mit bestimmten Zutaten noch schneller finden, sind in diesem Register auch beliebte Zutaten wie **Eier** oder **Tomaten** alphabetisch eingeordnet und hervorgehoben. Darunter finden Sie das Rezept Ihrer Wahl. Vegetarische Rezepte, die im Buch mit einem 🌿 gekennzeichnet sind, sind hier grün abgesetzt.

Projektleitung: Karina Rernböck
Lektorat: Karin Kerber
Korrektorat: Petra Bachmann
Innen- und Umschlaggestaltung: independent Medien-Design, Horst Moser, München
Illustrationen: Julia Hollweck
Herstellung: Renate Hutt
Satz: Kösel GmbH
Reproduktion: medienprinzen GmbH, München
Druck und Bindung: Schreckhase, Spangenberg
Syndication: www.seasons.agency
Printed in Germany

3. Auflage 2016
ISBN 978-3-8338-4660-1

 www.facebook.com/gu.verlag

GRÄFE UND UNZER

Ein Unternehmen der
GANSKE VERLAGSGRUPPE

Die Autorin

Cornelia Schinharl hat ihre Liebe zum Essen und Trinken zum Beruf gemacht. Seit vielen Jahren bringt sie ihren reichen Erfahrungsschatz als freie Food-Journalistin und Kochbuchautorin zu Papier und hat für ihre Bücher schon zahlreiche Auszeichnungen bekommen.

Die Fotografin

Anke Schütz arbeitet für namhafte Verlage und Zeitschriften in den Bereichen Food und Lifestyle. In ihrem Studio in Buxtehude setzt sie Kulinarisches mit Liebe zum Detail stimmungsvoll in Szene. Bei diesem Buch wurde sie von Diane Dittmer (Foodstyling) und Krisztina Zombori (Requisite) unterstützt.

Bildnachweis

Autorenfoto: privat; alle anderen Fotos: Anke Schütz

Titelrezept

Schupfnudeln mit Spinat-Feta-Gemüse (S. 31)

Umwelthinweis:

Dieses Buch ist auf PEFC-zertifiziertem Papier aus nachhaltiger Waldwirtschaft gedruckt.

Liebe Leserin, lieber Leser,

haben wir Ihre Erwartungen erfüllt? Sind Sie mit diesem Buch zufrieden? Haben Sie weitere Fragen zu diesem Thema? Wir freuen uns auf Ihre Rückmeldung, auf Lob, Kritik und Anregungen, damit wir für Sie immer besser werden können.

GRÄFE UND UNZER Verlag
Leserservice
Postfach 86 03 13
81630 München
E-Mail:
leserservice@graefe-und-unzer.de

Telefon: 00800 / 72 37 33 33*
Telefax: 00800 / 50 12 05 44*
Mo–Do: 9.00 – 17.00 Uhr
Fr: 9.00 – 16.00 Uhr
(* gebührenfrei in D, A, CH)

Ihr GRÄFE UND UNZER Verlag
Der erste Ratgeberverlag – seit 1722.

Backofenhinweis:

Die Backzeiten können je nach Herd variieren. Die Temperaturangaben in unseren Rezepten beziehen sich auf das Backen im Elektroherd mit Ober- und Unterhitze und können bei Gasherden oder Backen mit Umluft abweichen. Details entnehmen Sie bitte Ihrer Gebrauchsanweisung.

Appetit auf mehr?

ISBN 978-3-8338-4431-7

ISBN 978-3-8338-1677-2

ISBN 978-3-8338-3436-3

ISBN 978-3-8338-4124-8

ISBN 978-3-8338-1579-9

 Alle hier vorgestellten Bücher sind auch als eBook erhältlich.

MUG CAKES ZUM DESSERT

Die schnellen Kuchen aus der Mikrowelle werden in der Tasse angerührt, gebacken und noch warm auch direkt daraus gelöffelt. Wer zwei benötigt, gart sie nacheinander.

SCHOKOLADEN-MUG-CAKE

Für 1 Person: 1 EL Schokocreme (Brotaufstrich) in eine für die Mikrowelle geeignete Tasse (ca. 400 ml Inhalt) geben und bei 800 Watt 20 Sek. in der Mikrowelle weich werden lassen. 2 EL braunen Zucker, je 1 Prise Zimtpulver und Salz, ¼ TL Backpulver, 1 EL neutrales Öl, 3 EL Milch und 1 Ei (Größe S) zur Schokocreme in die Tasse geben und alles glatt verrühren. 4 EL Mehl sowie 1 EL Kakaopulver daraufstreuen und unterheben. Den Schokoladen-Mug-Cake in der Mikrowelle bei 800 Watt 2 Min. backen. Aus der Mikrowelle nehmen und mindestens 1 Min. stehen lassen. Nach Belieben mit gehackten Pistazien oder Walnüssen bestreuen und noch warm aus der Tasse löffeln.

ZITRONEN-MUG-CAKE

Für 1 Person: ½ Bio-Zitrone waschen und trocken reiben, die Schale abreiben. In einer für die Mikrowelle geeigneten Tasse (ca. 400 ml Inhalt) 4 EL Mehl mit 2 EL Puderzucker, 1 Prise Salz, der Zitronenschale, ¼ TL Backpulver, 1 EL neutralem Öl, 3 EL Milch, 1 EL Ahornsirup und 1 Ei (Größe S) verrühren. Den Zitronen-Mug-Cake in der Mikrowelle bei 800 Watt 1 Min. 45 Sek. backen. Währenddessen 1 EL Puderzucker mit 1 TL Zitronensaft in einer Tasse zu einer glatten Glasur verrühren. Den Mug Cake aus der Mikrowelle nehmen und mindestens 1 Min. stehen lassen. Dann gleichmäßig mit der Zitronenglasur bestreichen und noch warm aus der Tasse löffeln.